Bernd Rachuth · Fotos: Melitta Kolberg

SCHLESWIG-HOLSTEIN

Reisen durch Städte und Landschaften

BOYENS

INHALT

BEGRÜSSUNG

Hoher Himmel über grünen Marschen, gelbe Rapsfelder unter weißen Wolken und endlose Strände an Nord- und Ostsee – das sind für die meisten Menschen die Markenzeichen von Schleswig-Holstein. Wer sich aber mit offenen Augen aufmacht, landauf und landab zu reisen, stößt auf Spuren der Zivilisation, die Sachsen, Friesen, Jüten (Dänen) und Slawen vor tausend Jahren hier aufbauten. In einer komplizierten Geschichte wuchsen die verschiedenen Volksgruppen im Herzogtum Schleswig und in der Grafschaft Holstein zusammen, wobei Schleswig zu Dänemark und Holstein zum Heiligen Römischen Reich Deutscher Nation gehörte. Das gemeinsame, alle verbindende Interesse auf dieser Landenge zwischen den Meeren bestand darin, sich so viel Unabhängigkeit wie möglich von den Herrschaftszentren zu verschaffen. Die Zauberformel lautete „up ewich tosamende un ungedelet".
1460 wurde sie im Vertrag von Ripen festgeschrieben. Christian I. von Dänemark wurde zum Herzog von Schleswig und Grafen von Holstein gewählt und musste dafür die dauerhafte Union der beiden Territorien anerkennen. Im Hin und Her zwischen deutschen und dänischen Interessen gewann Dänemark zunehmend, auch staatsrechtlich an Einfluss über Holstein, bis nach der nationalen Bewegung um 1848 dann der deutsch-dänische Krieg 1864/66 zur Loslösung Schleswig-Holsteins von Dänemark und zur Vereinigung mit Preußen führte.
1867 wurde das Doppelgebilde preußische Provinz. Nach dem Ersten Weltkrieg führte eine Volksabstimmung zur Abtretung Nordschleswigs an die dänische Krone, und nach dem Zweiten Weltkrieg erst erhielt Schleswig-Holstein den Status eines eigenen deutschen Bundeslandes.

Das Jenisch-Haus repräsentiert großbürgerliches Wohnen vor den Toren Hamburgs an der Elbchaussee.

ÜBER DIE ELBCHAUSSEE NACH HOLSTEIN

Das Tor nach Schleswig-Holstein ist die Stadt Hamburg mit ihren Elbbrücken und dem Elbtunnel. Bis die Hansestadt unter Verzicht auf die Rückzahlung einer Anleihe auch von Dänemark als reichsunmittelbar im Deutschen Reich anerkannt wurde, gehörte die Elbstadt staatsrechtlich zu Holstein. Altona, über Jahrhunderte größte Stadt in den Herzogtümern Schleswig und Holstein, kam erst durch das Groß-Hamburg-Gesetz 1937 zusammen mit Othmarschen, Nienstedten und Blankenese (sowie weiteren Umland-Orten) an den Stadtstaat Hamburg.

Wer also gleichsam durch die Sonntagstür ins Land zwischen den Meeren kommen möchte, der muss die A7 bei Othmarschen verlassen und über die Elbchaussee fahren. Bei Teufelsbrück empfiehlt sich ein Halt in der Umgebung von herrlichen Villenhäusern und Palais inmitten von parkähnlichen Gärten, wo auch ein freier Blick auf die breiter werdende Elbe möglich ist. Schiffe sind da zu sehen, große Pötte, kleine Schlepper, Segler.

Unser Weg führt uns über die Baron-Voght-Straße durch den Jenisch-Park zum Jenisch-Haus, als Außenstelle des Altonaer Museums Besichtigungsstätte für großbürgerliche Wohnkultur, wie Hamburger Kaufleute sie seit dem 18. Jahrhundert außerhalb der Stadt im idyllischen Holstein entwickelten. Das von dem Senator Johann Martin Jenisch 1831 im klassizistischen Stil erbaute Landhaus liegt in dem öffentlich zugänglichen Park gleichen Namens.

Bei Teufelsbrück haben wir auch einen Zugang zum Elbuferweg, der von Altona bis zum Schulauer Fährhaus bei Wedel führt, wo Schiffe ab 3000 Tonnen mit ihrer Nationalhymne begrüßt und verabschiedet werden.

Nördlich von Wedel zieht sich der Geestrücken vom Fluss zurück, und wir erreichen die Elbmarschen: die Haseldorfer Marsch westlich der Linie Wedel–Uetersen, die Kremper Marsch zwischen der B 431 Elmshorn–Glückstadt und der Stör sowie die Wilstermarsch nördlich der Stör bis zum Nord-Ostsee-Kanal. Die in die Niederelbe mündenden Flüsse wie Pinnau, Krückau und Stör haben vor mehr als 1000 Jahren mit ihren Ablagerungen, den Uferwällen, zum Entstehen der Marschen beigetragen. An diesen Flüssen begann die Besiedlung, von hier aus wurden die Landstriche systematisch kultiviert. Hier haben Holländer seit dem 12. Jahrhundert ihre Erfahrungen angewendet: Das Gräben- und Entwässerungssystem gilt als ihr Werk. Die Bedeutung von Elmshorn, Krempe, Itzehoe und Wilster als Hafenstädte ist längst vergessen und verschüttet und kaum noch vorstellbar. Doch floss die Kremper Au einst direkt hinter dem alten Kremper Rathaus von 1570 vorbei, war die Kaufmannssiedlung Itzehoe von 1238 als „Neustadt" auf einer besonders gesicherten Störinsel angelegt, und Wilsters Innenstadt lag in Reichweite der Wilsterau – Wasserwege, die bis ins 19. Jahrhundert ausreichten, seefahrende Schiffe aufzunehmen, und die den Städten ihre seewärts orientierten Handelsmöglichkeiten eröffneten. Eine Niederelbefahrt sollte stets auch das Stadtdenkmal Glückstadt ansteuern, vom Dänenkönig Christian IV. 1616/17 als Gegengründung zu dem sich emanzipierenden Hamburg angelegt.

Glückstadt ist das einzige Beispiel einer ideal angelegten, polygonalen Radialstadt im deutschsprachigen Raum. Die alte Hafenzeile ist eine städtebaulich hochbedeutende Anlage.

Vom Museumshafen bei Övelgönne geht es elbabwärts – vorbei an Leuchttürmen wie hier bei Wittenbergen.

P&O Nedlloyd

Namensstifter für die erste der holsteinischen Elbmarschen sind Gut und Kirchort Haseldorf. Das Herrenhaus ist im Sommer Treffpunkt für das Schleswig-Holstein Musik Festival und immer einen Ausflug wert.

Die typische Bauernhausform in der Wilstermarsch ist das „Barghuus", das holländische Siedler im 16. Jahrhundert einführten.

*Das Rathaus in Krempe, dem urbanen Zentrum der Kremper Marsch,
stammt aus dem Jahre 1570 und gehört zu den eindrucksvollsten Renaissancebauten des Landes.*

Glückstadt, radialförmiges Zentrum (oben) und alte Uferstraße mit Geschäfts-, Kapitäns- und Bürgerhäusern, vor denen früher die Seeschiffe festmachten.

Gotischer Innenraum des Meldorfer Doms.

DITHMARSCHEN

Das Land zwischen Nordsee im Westen, Elbe im Süden, Eider im Norden und Nord-Ostsee-Kanal im Osten war im Mittelalter eine freie Bauernrepublik. Davon zeugen der Meldorfer Dom, der Markt von Heide, der Lundener Geschlechterfriedhof und das Landesdenkmal für die Schlacht bei Hemmingstedt.

Will man einen Eindruck von diesem Land bekommen, durchfährt man es einmal von Süden nach Norden. Aus der Wilstermarsch kommend, überquert man den Nord-Ostsee-Kanal bei Brunsbüttel und hat dabei einen guten Ausblick auf die Industrie- Silhouette und auf die Schleusen des Nord-Ostsee-Kanals, um dann über St. Michaelisdonn Richtung Meldorf zu fahren. Hier bewegt man sich an der alten Küstenlinie. In der Endsilbe „Donn" versteckt sich das Wort Düne, hier ist die Geestkante, von der aus westlich die Niederungen und Marschen liegen, die in mehr als 1000 Jahren die Küstenlinie zurückgedrängt haben.

Dithmarschen war der nördlichste Sachsengau diesseits der Elbe, und Meldorf – an herausragender Stelle an der Geestkante gelegen – erhielt als erster und lange Zeit einziger Ort eine Kirche, und zwar bereits vor 826. Sie diente als Taufkirche für den Gau der Dithmarscher, nördlich der Elbe nur vergleichbar mit den Taufkirchen Schenefeld für den Holstengau und Hamburg für Stormarn. Meldorf erreichte man zu jener Zeit und über Jahrhunderte am bequemsten per Schiff. Und auf der Miele konnten die Frachtschiffe bis in den Hafen nahe der Stadt fahren.

Aus den Anfängen erwuchs in der zweiten Hälfte des 13. Jahrhunderts hier der Dom der Dithmarscher, eine Schöpfung der Gotik, ein Parallelbau des 1806 abgerissenen Hamburger Doms. Mit dem Ausbau der Kirchenorganisation entwickelte sich auch eine Selbstverwaltung in den neuen Kirchspielen, die ihre gemeinsamen Interessen am Hauptort Meldorf abstimmten. Den Erzbischof von Bremen, den selbst erwählten Landesherrn, hielten sie mit Abgaben ruhig: Aus den Kirchspielen entwickelte sich eine immer fester gefügte Republik, vergleichbar der Ur-Schweiz.

Meldorf ist bis heute der kulturelle Mittelpunkt Dithmarschens mit einem außergewöhnlichen Landesmuseum, einem Landwirtschaftsmuseum, das den industriellen Wandel auf dem Lande zwischen 1860 und 1960 zeigt, ferner mit einer Museumsweberei, einer traditionsreichen Goldschmiede, mit zwei Windmühlen innerhalb des alten, überall anmutigen Stadtzentrums – ja und eben mit dem Dom, dessen Äußeres wirklich nicht abhalten darf von dem Besuch des gotischen Innenraumes, der an den meisten Tagen des Jahres geöffnet ist.

Politischer Hauptort Dithmarschens ist allerdings seit 1434 die heutige Kreisstadt Heide, damals ein freier Platz „uppe de Heyde", auf einer trockenen Geestzunge zentral gelegen, auf dem sich die Landesversammlung, also die Vertreter der Kirchspiele, und gleichzeitig auch die Waffenträger versammelten und nebenbei auch noch an jedem Sonnabend Markt abgehalten wurde. Der mit 4,7 Hektar größte Marktplatz Deutschlands diente nach seiner Eingrenzung im 15. Jahrhundert als Platz der Republik, um den herum sich eine städtische Siedlung entwickelte.

Die politische Organisation lag in Dithmarschen in den Kirchspielen, vor allem auch die Organisation von Landgewinnung, Eindeichung und Entwässerung. Aber innerhalb dieser Struktur spielten Geschlechter eine wesentliche Rolle: Familien- und Sippenverbände, auf die noch heute der „Geschlechterfriedhof" an der Lundener Kirche verweist. Es handelt sich um den letzten nicht umgewandelten Kirchhof in Dithmarschen, wo noch Grabplatten und Familiengruften der alten Geschlechter zu besichtigen sind. Der Ortsname Hemmingstedt steht für die letzte siegrei-

che Schlacht der Dithmarscher gegen eine Übermacht von Dänen und Holsten, in der sie im Jahre 1500 ihre Unabhängigkeit noch einmal wirkungsvoll und zum Staunen des alten Europa verteidigen konnten. Daran erinnert das Landesdenkmal auf der Dusenddüwelswarf zwischen Hemmingstedt und Meldorf. Zwei Generationen später, 1559, konnte die inzwischen der kirchlichen Reformation beigetretene Republik den Widerstand nicht wiederholen. Im Unterwerfungsprozess aber sicherten die Dithmarscher sich bis zum Anbruch der Preußenzeit in Schleswig-Holstein (1867) ihre eigene Verwaltungsorganisation.
Heute ist Dithmarschen immer noch landwirtschaftlich geprägt. Hier findet man in den Marschen rund um Marne und um Wesselburen das größte Kohlanbaugebiet Deutschlands. Fremdenverkehr und Tourismus haben das Land neu erschlossen. Büsum und Friedrichskoog sind Seebäder, an vielen Punkten im Umfeld der Meldorfer Bucht kann direkt vom grünen Deich aus gebadet werden. Burg und Albersdorf sind Luftkurorte auf der Geest mit einer gänzlich anderen Umgebung: Waldgebiete, Wanderwege durch hügelige Endmoränen und herrlich gelegene Aussichtstürme bestimmen hier das Bild. Überall in Dithmarschen lässt sich gut radfahren auf einem immer wieder angepassten Wegenetz von über 1500 Kilometern.
In Heide finden wir auf Lüttenheid das Stammhaus der Familie von Johannes Brahms und das Elternhaus des niederdeutschen Dichters Klaus Groth fast nachbarschaftlich nebeneinander – Grundlage für ihre „Briefe der Freundschaft", heute verbunden durch die Museumsinsel.
Und Friedrich Hebbel, der bedeutendste Dramatiker des 19. Jahrhunderts, ruft Literaturfreunde im Hebbel-Museum in Wesselburen zusammen. Ein dichtes Netz von Windrädern gibt dem Land an der Küste das Gepräge moderner Stromgewinnung.

Dithmarscher Geschichte hat ihre Symbole: den weithin sichtbaren Meldorfer Dom, das Landesdenkmal „Dusenddüwelswarf" zur Erinnerung an die Schlacht bei Hemmingstedt (rechts) und den mit 4,7 Hektar größten unbebauten Marktplatz Deutschlands in Heide.

STADT
HAMBURG
HANSE
VERTRAG
1434
MIN MODERSPRAK WA KLINGST DU
1819 - 1899
KLAUS GROTH

St.-Jürgen-Kirche in Heide an der Süd-West-Ecke des größten unbebauten Marktplatzes in Deutschland, davor der Brunnen mit Tafeln zur Geschichte Dithmarschens.

Beliebter Grünstrand an der Nordseeküste von Büsum.

Der Hafen von Büsum für Fischkutter, Rettungskreuzer und Helgolandfähren.

Eidersperrwerk – hier werden im Mündungsdelta die Auswirkungen von Ebbe und Flut technisch reguliert, für viele Besucher ein kleines Weltwunder.

EIDERSTEDT UND NORDFRIESLAND

Nirgendwo sonst ist in Schleswig-Holstein die gewaltige Kraft des Meeres und der Wille der Menschen, ihren Siedlungsraum gegen die Fluten zu sichern, so sichtbar wie in Nordfriesland. Als die Friesen – wohl aus dem Mündungsgebiet des Rheins ausweichend – seit dem sechsten und siebten Jahrhundert den Raum zwischen Eiderstedt und Sylt zu besiedeln begannen, verlief die Küste westlich vor den heutigen Inseln als zusammenhängende Linie. Husum lag weit im Binnenland; zwischen Eider und Hever, die ebenfalls westlicher in die Nordsee mündeten, lagen eine Reihe von Inseln, das gesamte fruchtbare Marschenland war von Prielen durchzogen. Das Ganze muss man sich als eine amphibische Urlandschaft vorstellen, die über Jahrhunderte zahlreichen Sturmfluten ausgesetzt war, allein für das 14. Jahrhundert werden 23 Fluten von Chronisten verzeichnet. Geradezu einen Kulturschock jedoch löste die größte Flut vom 16. Januar 1362 aus, die im Volksmund die „große Mandränke" genannt wurde. Die Bilanz zwischen Nord- und Westfriesland spricht von 100 000 Toten und zeigt für Nordfriesland einen vollkommen neuen Küstenverlauf. Rungholt, der damals größte Hafenort, östlich der heutigen Insel Pellworm, versank zusammen mit unübersehbaren Landflächen im Meer. Husum, nahe am Geestkern, machten die Fluten zur Hafenstadt. Eindeichungsmaßnahmen mit dem Ziel, altes Land zurückzugewinnen, wechselten mit Rückschlägen durch immer neue Sturmfluten. Die Oktoberflut von 1634 brachte noch einmal unvergleichliche Verluste und ließ große Teile von Alt-Nordfriesland sowie ausgedehnte Vorländereien wie auch Halligen in der Rungholtbucht für immer verschwinden. Nordstrand und Pellworm sind seit damals getrennte Inseln. Kulturspuren des untergegangenen Landes sind im Wattenmeer bis heute zu finden.

Die Sturmfluten blieben vor allem in Nordfriesland bis in die Gegenwart hinein bestimmend für den Alltag: das Land vor dem „blanken Hans" zu sichern, ist die größte Herausforderung. Wer hier erfolgreich sein will, muss von Deichbau genausoviel verstehen wie von Entwässerung. Eiderstedt, ursprünglich aus mehreren Inseln und den drei Verwaltungseinheiten Utholm, Everschop und Eiderstedt bestehend, konnte 1489 landfest und zur Halbinsel geformt werden.

Im 16. Jahrhundert holte der Gottorfer Herzog Holländer ins Land, die neues Wissen mitbrachten. Die Deichprofile wurden flacher, so dass der Aufprall gemindert werden konnte. Das hinter den Deichen sich ansammelnde Niederschlagswasser wurde in einem Grabensystem aufgefangen und einem Siel zugeführt, einem Tunnel im Deich, der sich bei Ebbe öffnet und das Wasser ablaufen lässt.

Ein Symbol für den Umgang mit den Wassermassen in heutiger Zeit ist das Eidersperrwerk von 1973, das in Verbindung mit dem Eiderdamm den gesamten Mündungstrichter der Eider verkleinert und reguliert. Die Auswirkungen von Ebbe und Flut waren vor Jahrzehnten sogar bis nach Rendsburg spürbar. Das Eidersperrwerk verschafft dem Autoverkehr freie Fahrt von Dithmarschen nach Eiderstedt, und auf dieser Route erhalten wir auch die richtige Einstimmung auf die Küste, das Deichhinterland, Deichvorland, den Nationalpark Schleswig-Holsteinisches Wattenmeer, der von Tönning aus verwaltet wird und über den dort vorbildlich im Multimar Wattforum sowie in zahlreichen Ausstellungen entlang der Küste informiert wird. Die Auszeichnung mit dem UNESCO-Titel

„Weltnaturerbe" hat die jahrzehntelange Schutzarbeit gewürdigt.
Das Nordseeheilbad St. Peter-Ording an der westlichen Spitze der Halbinsel mit seinen vorgelagerten, 12 Kilometer weiten Sandbänken, die auch als Strände, zum Strandsegeln und Surfen und zum endlosen Wandern einladen, ist das nächste Ziel. Von hier aus hat der Fremdenverkehr inzwischen die ganze Halbinsel erobert. Die Gäste in dieser Region erwarten sanften Tourismus und bieten dafür die Bereitschaft zum Aktivurlaub.
Die Niederländer brachten nicht nur den Wasserbau nach Eiderstedt, sondern auch die hier typische Bauernhausform des Haubargs.
In Tating können wir uns den Haubarg Hochdorf inmitten eines prächtigen Parks von außen ansehen, in der Nähe von Witzwort steht (gut ausgeschildert) der Rote Haubarg, in dem ein Restaurant-Café und eine landwirtschaftliche Ausstellung ihren Platz gefunden haben. Die Konstruktion des wohl größten deutschen Bauernhaustyps basiert auf 12 Meter hohen Ständern, die ein Quadrat bilden, auf dem das Dach weit hinuntergezogen liegt. In der Mitte wird die Heuernte aufgestapelt, rundum liegen Wirtschafts- und Wohnräume: zur einen Seite die Diele, in die man mit dem Gespann hineinfahren kann, zu zwei weiteren Seiten Ställe und zur vierten Seite die Wohnung mit dem vorgesetzten Giebel. In der Regel sind die Haubarge umgeben von einem Wassergraben. Ganz im holländischen Grachten- und Giebelstil angelegt ist auch Friedrichstadt, heutiges Stadtdenkmal, das der Gottorfer Herzog 1621 von niederländischen Glaubensflüchtlingen, denen er Religions- und Glaubensfreiheit bot, im Gebiet der Treeneniederung bauen ließ.
Husum erfreut die Besucher immer wieder aufs neue durch ein besonderes Flair aus Hafen und Handelsstadt. Mitten hinein ins Zentrum bis an den Sockel des neuen Rathauses (im Packhausstil von dem Architekten entworfen) schiebt sich der Hafen, von wo aus es nur einige Schritte durch die Krämerstraße bis zum Markt oder hinüber in die Wasserreihe sind, wo das Haus des Dichters Theodor Storm seit 1972 als vielbesuchtes Literaturmuseum glänzt. Das Nordsee-Museum Nissenhaus unterhält eine aufwendig gestaltete Abteilung über die Geschichte der Sturmfluten, den Untergang von Rungholt sowie über den Deichbau und die Landgewinnung. Ein Gang durch die Schlossgasse (von der Großstraße aus) hinüber zum Schloss vor Husum, in dem eigene Ausstellungen zu sehen sind, darf nicht fehlen, besonders Ende März/Anfang April, wenn im Schlossgarten Hunderttausende von blauen Krokussen erblühen.
Nördlich von Husum hat man zwei Wege: auf der B 5 über Bredstedt nach Niebüll, und von dort nach Seebüll in das Nolde-Museum mit Blumengarten und Atelierhaus oder ab Niebüll per Huckepack mit der Deutschen Bahn nach Sylt – oder ab Struckum durch den Demecieres- und den Sönke-Nissen-Koog durch wiedergewonnenes Marschenland Richtung Schlüttsiel und weiter nach Dagebüll, von wo aus der Fährbetrieb nach Föhr und Amrum fahrplanmäßig verläuft. Beide Inseln haben unter den Touristen ihr ganz eigenes Publikum: die Marscheninsel Föhr mit der Mischung aus bäuerlicher und Seefahrer-Kultur ist insgesamt milder, aber in Landschaft und Mentalität rustikaler, die Geest- und Sandinsel Amrum dagegen erfüllt die Bilderbuchträume von Sandstrand, allerdings im Klima der vordersten Seelage. Sylt, wie Amrum in ihrer Längsachse eine Geest- und Sandinsel, verbindet alle Gegensätze in sich, die Sandstrände gegen die offene See, etwa in Westerland, Kampen, Rantum oder Hörnum, und den grünen Strand bei Keitum.

An der Küste sind Türme Orientierungszeichen für die Schifffahrt: der 41,5 Meter hohe Westerhever Leuchtturm an der nördlichen Spitze der Halbinsel Eiderstedt.

Ausflug ins Watt vor St. Peter-Ording: Die Flächen gehören zum Nationalpark Schleswig-Holsteinisches Wattenmeer.

Hafen von Tönning mit Packhaus.

Die für Eiderstedt typische und nur hier beheimatete Bauernhausform ist der „Haubarg": hier der sog. Rote Haubarg, an dem der Sage nach der Teufel mitgebaut hat, heute ein Restaurant.

Grachten durchschneiden das Holländerstädtchen Friedrichstadt, eine Gründung für Religionsflüchtlinge und von Wasserbauexperten aus den Niederlanden.

Der Husumer Hafen reicht bis in die Mitte der Stadt und endet am Fuße des neuen Rathauses. Theodor Storm hat diese Stadt und die Umgebung, ihre Menschen und deren Schicksale in unsterblichen Novellen und Gedichten festgehalten. Sein Wohnhaus in der Wasserreihe ist ein eindrucksvolles Literaturmuseum.

Grabsteine auf den Kirchhöfen der Insel Föhr erinnern an große Seefahrer und mutige Walfänger, die ihr Glück auf den weiten Meeren suchten, während daheim die Familien sich um die Landwirtschaft kümmerten.

Sandstrand bei Utersum auf der Insel Föhr.

Hallig Langeness, ein beliebtes Ausflugsziel in den Sommermonaten, meldet bei Sturmfluten „Land unter".

Der Maler Emil Nolde und seine Frau Ada fanden in Seebüll ein Hofgrundstück, auf dem das Atelierhaus und der berühmte Blumengarten verwirklicht werden konnten: heute Bestandteile des Nolde-Museums.

Beherzte Schwimmer schwören auf die Brandungswellen an der Westseite der Insel Sylt.

Die bedeutende Geschichte der Handelsseefahrt für die Stadt Flensburg wird im Schiffahrtsmuseum direkt am Hafen in Erinnerung gerufen.

FLENSBURG UND SEINE FÖRDE

Viele Besucher meinen, in Flensburg bereits dänischen Einfluss zu verspüren. Und in der Tat: Flensburg ist heute eine Grenzstadt, und die Grenze zwischen der Bundesrepublik Deutschland und dem Königreich verläuft seit 1920 auch mitten durch die Flensburger Förde. Damals kam es infolge des Ersten Weltkriegs und des Versailler Friedensvertrags zu Volksabstimmungen im nördlichen Landesteil, bei denen die Bevölkerung für Deutschland oder Dänemark votieren konnte. Die Zone nördlich von Flensburg bis nach Hadersleben im Osten und Röm im Westen, das sogenannte Nordschleswig, entschied sich mehrheitlich für die Dänische Krone, die neue Grenze wurde gezogen und brachte viele Ressentiments auf beiden Seiten hervor, die erst 1955 mit der Bonn-Kopenhagener Erklärung aus der Welt geschafft werden konnten, die den Schutz der Minderheiten auf beiden Seiten der Grenze nachhaltig garantierte.

Flensburg war bis ins 19. Jahrhundert hinein nicht nur die zweitgrößte Stadt der Herzogtümer Schleswig und Holstein, sondern nach Kopenhagen und Altona auch die drittgrößte des Dänischen Gesamtstaates, zu dem das Land zwischen den Meeren bis zum deutsch-dänischen Krieg 1864 gehörte. Ihre große Blüte als Handels- und Hafenstadt im letzten Drittel des 18. Jahrhunderts verdankt die Stadt Flensburg der dänischen Neutralität auf den Weltmeeren. So blieb der Seehandel mit Zucker, Baumwolle, Tabak und vor allem mit Rum aus Westindien der wichtigste Aktivposten. Bis heute ist Flensburg berühmt für die Veredelung des Rums. Die Geschichte dieses Handelszweiges erzählt das Schiffahrtsmuseum, das im ehemaligen Zollpackhaus am Hafen untergebracht ist.

Flensburg, das um 1200 aus einem Fischerdorf und einer Kaufmannssiedlung zusammenwuchs, heute noch im getrennten Norder- und Südermarkt erkennbar, durchwandert der Besucher auf dem Holm und genau anschließend auf der Großen Straße, heute zur Fußgängerzone ausgebaute Hauptgeschäftsstraße, an deren nördlichem Ende das Nordertor von 1595 erhalten ist. Von besonderer städtebaulicher Bedeutung sind die ehemaligen Handelshöfe, von denen zahlreiche in den vergangenen Jahren restauriert und zu hübschen Geschäftsmittelpunkten umgestaltet worden sind.

Ein Besuch auf dem Museumsberg, der weithin sichtbar über der Stadt liegt, ist empfehlenswert: Zum einen hat man von hier den besten Überblick auf Altstadt und Hafen, zum zweiten ist hier die Geschichte des Landesteils Schleswig dokumentiert, und zum dritten verfügt das Museum über eine der größten Kunstsammlungen des Landes, so dass im benachbarten Galeriegebäude neben wechselnden Ausstellungen auch ein Gang durch die Kunstgeschichte des Landes möglich ist.

Der Hafen liegt am Endpunkt der rund 35 Kilometer langen Förde, die man mit Schiffen der Flensburger Förde-Reederei durchqueren sollte. Erst vom Wasser her erkennt man den ganzen Reiz der Uferlandschaft mit ihren weiten Stränden und ihren Steilküsten. Diesen Weg benutzte auch Thomas Mann, als er im Sommer 1919 zusammen mit der Verlegerfamilie Fischer in Glücksburg Urlaub machte.

Dieses Ostseebad in landschaftlich reizvoller Hügel- und Waldlage hatte seit den 1870er Jahren einen sehr viel beachteten Aufschwung genommen, den es der Protektion des Herzogs Karl von Glücksburg sowie dem Besuch

Kaiser Wilhelms II. und seiner Gemahlin Auguste Viktoria verdankte. Musik auf der Promenade, Theater im Strandhotel, Hotels, Pensionen und Villen im repräsentativen Stil der Gründerzeit sorgten für das besondere Ambiente.
Auch wenn Glücksburg es nach dem Ersten Weltkrieg und vor allem nach der Grenzziehung gleich „vor der Haustür" schwer hatte, ist doch vieles von dem alten Reiz geblieben. Ein herausragender Anziehungspunkt ist in jedem Fall das Glücksburger Schloss: drei hohe, nebeneinander stehende Giebelhäuser nach jeder Seite werden von vier Ecktürmen eingerahmt.
Obgleich das von Wasser vollkommen umgebene Schloss vom Herzog von Schleswig-Holstein-Sonderburg bewohnt ist, kann es besichtigt werden. Dem Wahlspruch des Erbauers „Gott gebe Glück mit Frieden" verdankt Glücksburg seinen Namen, die Anfangsbuchstaben GGGMF stehen am Schlossportal.

Ein restaurierter Kaufmannshof in der Stadtmitte.

Das Flensburger Nordertor ist der Rest einer mittelalterlichen Befestigung. In den Mauern der Stadt beherrscht ein fröhlich-freies Flair die Stimmung, das viele Besucher für einen skandinavischen Ausläufer halten.

Endpunkt der Flensburger Förde: Blick über den Flensburger Hafen.

Fördeauswärts zwischen Flensburg und der Halbinsel Holnis liegt das einst mondäne Seebad Glücksburg, dessen Wahrzeichen das alte Schloss mit seinen vier Ecktürmen ist.

Schloss Gottorf beherbergt die Schleswig-Holsteinischen Landesmuseen sowie große Kunstsammlungen der Moderne.

SCHLESWIG

UND DIE SCHLEI

Ortsnamen wie Brodersby, Rieseby, Krieseby oder Thumby verraten die Nähe der Schlei, der Klang entspricht dem alten Hedeby, das wir heute als Haithabu aussprechen: Die Schlei ist ein Lebensarm des alten dänisch-jütischen Siedlungsgebiets der Wikinger, während an der Westküste die Friesen, elbabwärts und in Dithmarschen die Sachsen und in Ostholstein die Slawen vor 1000 Jahren ihre Einflussbereiche beherrschten.

Unweit Schleswigs in Richtung Eckernförde finden wir seit 1985 das Wikinger-Museum Haithabu in unmittelbarer Nähe der historischen Siedlung am Haddebyer Noor (einem geschützten Ausläufer der Schlei). Kaum ein zweites Mal in Nordeuropa fand sich ein derart von der Natur bevorzugter Handelsplatz: ein geschützter Hafen tief im Landesinneren mit „Anschlussmöglichkeiten" über die Treene und Eider an die Nordsee, zugleich aber auch an der Landenge gelegen, durch die der Nord-Süd-Handelsweg verlief.

Die Bedeutung dieser Landenge für Dänemark zeigt sich bis heute in Gestalt des Halbkreiswalls, der das alte Siedlungsgebiet umfasst, sowie in dem nach Westen gebauten Befestigungssystem des Danewerks, einer Art „chinesischen Mauer des Nordens". Ein eigenes dänisches Museum „Danevirkegaarden" am Danewerk dokumentiert die Baugeschichte und die Verteidigungsfunktion dieses über Jahrhunderte geschaffenen Wall- und Wehrsystems.

Im Wikinger-Museum dagegen sind anhand der Ausgrabungsergebnisse die Siedlung, ihre Bauwerke, das Alltagsleben sowie Handel und Handwerk dokumentiert. Auch kulturelle Einflüsse wie heidnische und christliche Religion, Runenschrift und Schriftzeugnisse werden gezeigt. Haithabu gilt als die erste stadtähnliche Anlage Nordeuropas, in der Siedler und Kaufleute aus verschiedenen Volksgruppen ihren Geschäften nachgingen.

Das spätere Schleswig am Nordufer der Schlei hat sich erst richtig entwickelt nach der Zerstörung Haithabus im Jahre 1066. Über die Stadtentwicklung informiert das Städtische Museum. Die Stadt, seit 947 auch Sitz eines Bistums, entwickelte sich rund um den Dom als Handels- und Wirtschaftszentrum des hohen Mittelalters. Bis Lübeck ab der Mitte des 12. Jahrhunderts seinen kometenhaften Aufstieg erlebte, war Schleswig die vorherrschende Hafen- und Handelsstadt im Norden.

Nach der wechselvollen Geschichte in Schleswig-Holstein ist Schleswig in einer Hinsicht Hauptstadt des Landes geblieben: Hier sind Kunst, Kultur und Geschichte in der Stiftung Schleswig-Holsteinische Landesmuseen Schloss Gottorf zusammengefasst, hier am Dom hat der Sprengel Schleswig seinen Bischofssitz, hier residiert das Landesarchiv im Prinzenpalais, und zahlreiche Obergerichte, Landesbehörden und wissenschaftliche Einrichtungen wie das Landesamt für Vor- und Frühgeschichte haben in Schleswig ihren Sitz.

Die Besucher sollten sich von alledem nicht „erschlagen" lassen, aber sie sollten für diesen Ort auch genügend Zeit mitbringen. Haithabu und Schloss Gottorf sind jeweils ein Tagespensum, und die restaurierte Altstadt rund um den Dom und die Fischersiedlung auf dem Holm mit St.-Johannes-Kloster und Bibelzentrum sind für Freunde meditativer Ruhe, der Kunst und Architektur ein zusätzlich lohnendes Ziel. Im Dom steht eines der prächtigsten künstlerischen Werke des Nordens: Der Brüggemannsche Altar, gearbeitet in den Jahren 1514 bis 1521, beherrscht den gesamten Chorraum. Er zeigt die Passionsszenen, die Himmelfahrt Christi, das Pfingstwunder und das Jüngste Gericht in einer individuellen Figurenfülle.

Eine Rundfahrt um die Schlei nördlich durch die Landschaft Angeln, südlich durch Schwansen ist empfehlenswert, auch die Überquerung mit der Fähre bei Missunde. Arnis, die kleinste Stadt Deutschlands, und Kappeln bieten eine landschaftlich höchst reizvolle Lage an der Schlei, ebenso die Fischersiedlung Maasholm. In Kappeln hat sich aus der Zeit des blühenden Fischfangs im 18. und 19. Jahrhundert eine Fangmethode erhalten: Der sogenannte Heringszaun in der Schlei unmittelbar unter der Schleibrücke ist heute ein Kulturdenkmal.

Zwischen Süder- und Norderbrarup lohnt der Besuch im Thorsberger Moor, wo eine der bedeutenden vorchristlichen Kultstätten des Landes vermutet wird. Zahlreiche Funde führen die Wissenschaftler zu der Überzeugung, die Verehrung des Gottes Thor habe hier im Jahrhundert vor unserer Zeitrechnung begonnen und habe mit der Abwanderung der Angeln nach England im fünften Jahrhundert aufgehört.

Runenstein bei Haithabu.

Blick über die Schlei auf den das Stadtbild beherrschenden Schleswiger Dom.

Historischer Heringszaun in der Schlei vor Kappeln.

Schleifähre bei Missunde.

Die Schlei, der einzige von der Ostsee vollkommen abgeschirmte, ins Landesinnere reichende Wasserarm – ein ruhiges Gewässer.

Holtenauer Leuchtfeuer am Eingang zum Nord-Ostsee-Kanal.

KIEL UND DER NORD-OSTSEE-KANAL

Die heutige Landeshauptstadt Kiel verdankt ihre Gründung der schützenden Förde und der günstigen Lage zur Ostsee: Bis zum heutigen Tag können sich die Riesenfährschiffe der Skandinavienlinien bis ins Zentrum der Stadt schieben. Am keilförmigen Ende „tom Kyle" ließ Graf Adolf IV. 1242 die Stadt planmäßig nach lübschem Recht gründen, die von einer später zum Schloss ausgebauten Burg zur Wasserseite hin geschützt wurde.

Ihren eigentlichen Aufschwung aber nahm die Hafenstadt erst im 19. Jahrhundert, nachdem das Schloss im 17. Jahrhundert als Gottorfer Residenz gedient hatte, 1665 die Universität gegründet worden war und der Adel sich an diesem Umschlagplatz eine Reihe von Stadthöfen hatte erbauen lassen, deren letzter, der Warleberger Hof, heute unweit vom Schloss das Stadtmuseum beherbergt. Die für Kiel jedoch so entscheidende Phase ist im Schifffahrtsmuseum in einer ehemaligen Markthalle am Hafen dokumentiert:

Mit der Reichsgründung von 1871 wurde Kiel Reichskriegshafen und somit Hauptstandort der deutschen Marine, die insbesondere mit der Vorliebe des jungen Kaisers Wilhelm II. für die Seemachtstellung Deutschlands ab 1888 einen gigantischen Ausbau erfuhr. Innerhalb von einer Generation wuchs die Stadt zwischen 1865 und der Jahrhundertwende von rund 20 000 Einwohnern auf Großstadtzahlen an. Das moderne Kiel ist ohne die Bedeutung der Marine für die Stadt bis zum Ende des Zweiten Weltkriegs gar nicht vorstellbar.

Auch der Bau des Nord-Ostsee-Kanals zwischen Brunsbüttel in der Elbmündung und Kiel-Holtenau geht ursprünglich auf militärstrategische Gesichtspunkte zurück. Um die Kriegsschiffe ohne die aufwendige Durchquerung des Skagerraks rasch in Nord- und Ostsee einsetzen zu können, übernahm das Deutsche Reich den Bau dieser künstlichen Wasserstraße: Kaiser Wilhelm I. legte 1887 den Grundstein, sein Enkel Wilhelm II. eröffnete den Kanal nach nur acht Baujahren im Juni 1895. Der Kanal, nur durch zwei Schleusen an den Endpunkten „gehalten", ersetzte aber auch für die Handelsschiffahrt den viel zu engen Alten Eiderkanal bzw. Schleswig-Holsteinischen Kanal, der unter Ausnutzung des Eiderflusses seit 1784 eine Durchquerung des Landes ermöglichte und Tönning am westlichen Ende zu einer bedeutenden Hafenstadt gemacht hatte.

Rendsburg, ehemaliger holsteinischer Grafensitz, dann dänische Garnison, war bereits durch den Eiderkanal in den Genuß einer vorzüglichen Verkehrsanbindung für die eigenen Wirtschaftsprodukte gekommen und profitierte jetzt erst recht durch den größeren Kanal: Werften, Baubetriebe und Exporthandel expandierten stark und ließen die Stadt aufblühen, die heute vor allem durch die Eisenbahnhochbrücke und die Schwebefähre für Personen über den Kanal zum Staunen einlädt. Eine Rast im Conventgarten mit Blick auf die vorbeigleitenden Schiffe oder ein Gang durch die restaurierte, planmäßige Barockstadt Neuwerk rund um den Paradeplatz und ein Besuch im Jüdischen Museum in der Prinzenstraße gehören zu einem Aufenthalt in dieser Stadt dazu. Weitere Museen finden sich im Hohen Arsenal.

Und Brunsbüttel, das ehemalige Bauerndorf, hat seine gesamte internationale Bedeutung den Kanalschleusen (die zu besichtigen sind), dem Elbehafen und den Industrieansiedelungen südlich vom Kanal zu verdanken. Für Kiel jedenfalls bedeutete der neue Kanal die nochmalige

Aufwertung des Reichskriegshafens. Was bei der Kieler Woche unter Teilnahme des Kaisers an Internationalität vorgeführt wurde, das hatte seine Gegenseite im Ausbau der Macht auf den Weltmeeren, deren Widerspiegelung der Repräsentationsbau der Marineakademie an der Förde darstellt, das heutige Landeshaus, Sitz des Landtags und der Staatskanzlei. So war Kiel durchaus ein symbolischer Ort für den Matrosenaufstand von 1918, der das Ende des Kaiserreichs einläutete.

Erhalten gebliebener Teil des nach dem Zweiten Weltkrieg modern wiederaufgebauten Kieler Schlosses: der Rantzaubau.

Die Kieler Woche gilt seit über 100 Jahren als größtes Segel-Ereignis in Europa.

Das Landeshaus mit Sitz des Schleswig-Holsteinischen Landtags an der Kieler Förde.

Blick über den Kieler Hafen auf den Rathausturm, der um 1900 dem Campanile auf dem Markusplatz in Venedig nachgebildet wurde. Auch in Kiel kann man wie in der Lagunenstadt mit dem Schiff bis zum Bahnhof fahren.

ASTORIA

Der Nord-Ostsee-Kanal stößt bei Holtenau auf die Kieler Förde, von der Holtenauer Schleuse (im Hintergrund) lassen sich die Schiffe gut beobachten. Der Standpunkt für die Aufnahme ist die Holtenauer Hochbrücke über den Kanal.

Eisenbahnbrücke über den Nord-Ostsee-Kanal und Schwebefähre in Rendsburg.

Eine der kostenlosen Kanalfähren, hier bei Oldenbüttel.

Hochdonn, die kilometerlange Eisenbahnbrücke über den Nord-Ostsee-Kanal auf der Strecke der Marschbahn zwischen Altona und Niebüll.

Brunsbüttel – Knapp 100 Kilometer Entfernung liegen zwischen der Holtenauer und der Brunsbütteler Schleuse.

Herrenhaus Emkendorf, Vorzeigebeispiel für die bürgerlich aufgeklärte Adelskultur um 1800.

IM LAND DER
HERRENHÄUSER – OSTHOLSTEIN

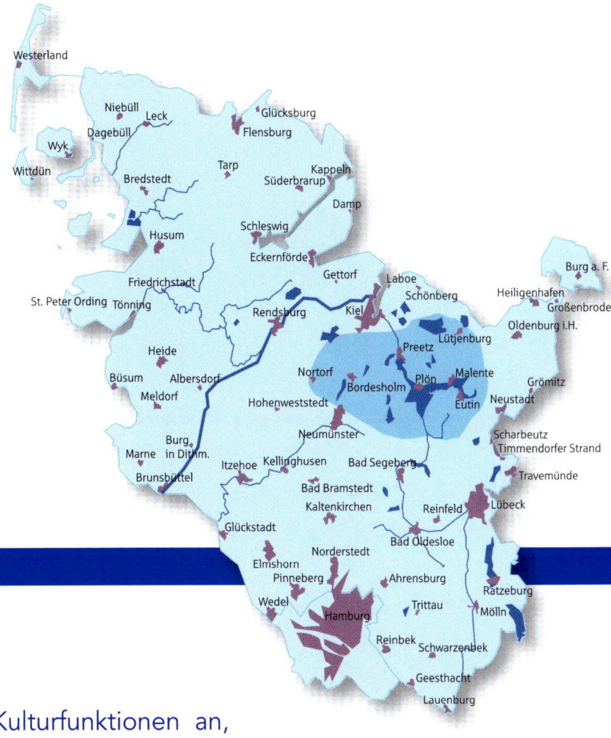

Ostholstein und weite Teile des östlichen Landes sind geprägt von adeligen Gütern und Herrenhäusern. Das Herrenhaus ist der repräsentative Bau des Gutsherrn, die Bezeichnung Schloss bleibt landesherrlichen Bauten vorbehalten wie den Schlössern Glücksburg, Gottorf, Plön, Eutin, Reinbek sowie dem Schloss vor Husum.

Von den noch heute knapp 150 erfassten Schlössern und Herrenhäusern sind rund 100 Gutsmittelpunkt oder Wohnsitz. Auf der Strecke von Kiel nach Lübeck empfiehlt es sich, auf Nebenstrecken zu fahren, will man die von Herrenhäusern und Gutsanlagen geprägte Landschaft wahrnehmen: etwa durch die Probstei vorbei an Salzau, Panker, Neudorf oder auf dem Weg von Lütjenburg nach Oldenburg vorbei an Weißenhaus, Farve, Tesdorf und Güldenstein oder noch eindrucksvoller Bothkamp, Schierensee, Deutsch Nienhof und Emkendorf südlich der Linie Kiel–Rendsburg.

Emkendorf ist das sehr gut erhaltene, in jeder Hinsicht repräsentative Beispiel klassizistischer Architektur und Geisteshaltung im Lande. 1765 kaufte es der Oberkammerherr Detlev Reventlow, Besitzer von Altenhof bei Eckernförde, für seinen Sohn Friedrich, der das Haus ab 1783 gemeinsam mit seiner Gemahlin im klassizistischen Stil gestaltete und zum Mittelpunkt des Emkendorfer Kreises machte, in dem Friedrich Gottlieb Kloppstock, Johann Kaspar Lavater, Matthias Claudius, Friedrich Heinrich Jacobi und die Gebrüder Stolberg verkehrten.

Emkendorf ist wie eine Reihe anderer Herrenhäuser und Hofanlagen auch im Rahmen des Schleswig-Holstein Musik Festivals als Spielort hervorgetreten. Salzau, heute Repräsentationsbau und Kulturzentrum des Landes, diente dem Nachwuchs des Festivals als Übungs- und Aufführungsort. Leonard Bernstein hielt hier zum Beispiel 1988 seine Meisterkurse ab. Solche Aktivitäten knüpfen an die historischen Kulturfunktionen an, die diese Güter über Jahrhunderte für das Land hatten.

Die Konzentration der Güter im Osten des Landes verweist auf die Ostkolonisation im 12. und 13. Jahrhundert, die u.a. aus dem Lübecker Raum in slawische Gebiete aufbrach, um diese zu unterwerfen und einer systematischen Kultivierung zu unterziehen. So erklärt sich, dass überall im ehemals slawischen Siedlungsbereich an der Ostsee von Wagrien (Ostholstein) über Mecklenburg bis nach Estland neben der mittelalterlichen Backsteingotik die Gutsherrschaft als bestimmendes Ordnungsprinzip typisch ist. Der Adel hatte bei der Landnahme eine herausragende Stellung. Gewährte landesherrliche Privilegien und Sicherung des Grundeigentums führten zu der Kette von Gutsherrschaften in diesem Raum, die auch mit der Patrimonialgerichtsbarkeit, mit Jagdrechten und Steuereinnahmen sowie mit Zollfreiheit und anderen Privilegien ausgestattet waren und die gesamte untere Organisation des Staates verantworteten.

Das Bild der Herrenhäuser in der heutigen Landschaft stammt weitgehend aus dem 19. und 20. Jahrhundert: Die Hofanlage ist exialsymmetrisch auf das Herrenhaus ausgerichtet, das sich mit seiner repräsentativen Schauseite, nur durch einen Ehrenhof getrennt, dem Wirtschaftshof zuwendet. Vielfach läuft eine Allee auf die Anlage zu, die an einem Torhaus endet. Diese typische Architektur von Gutsanlagen entstammt der Zeit des Rationalismus: vorne der wohlgeordnete und übersichtliche Wirtschaftshof, hinten repräsentative Gärten und Parks.

Natürlich erhöht sich der Reiz dieser Herrenhäuser noch durch die bezaubernde Lage im ostholsteinischen Hügel- und Seenland. Nicht zufällig heißt das Kerngebiet zwischen Preetz und Eutin die Holsteinische Schweiz. Die Romantik entdeckte diese Landschaft auch für die Kunst und für die Bildungsreisen, und 1867 nannte ein Hotelier bei Malente sein Haus „Holsteinische Schweiz" und gab damit der ganzen Region den bis heute gültigen Stempel.

Plön wird bestimmt durch das Schloss über der Stadt, wo bereits seit 1173 eine Burg stand und heute ein Bildungszentrum der Firma Fielmann besteht. In der Kaiserzeit war hier eine Kadettenanstalt eingerichtet, in der zwischen 1896 und 1910 auch die sechs Söhne Wilhelms II. erzogen wurden. Der ganz einzigartige Blick von der Schlossterrasse über den Plöner See erfasst nicht nur die liebliche Landschaft, sondern am Südende auch die Bosauer Kirche, ein kunstgeschichtliches Denkmal erster Güte, um 1150 Kernstück des Besitzes des Bischofs Vicelin von Oldenburg. Der Große Plöner See ist der größte See in der Holsteinischen Schweiz und auf zahlreichen Wanderwegen zu erreichen.

Malente-Gremsmühlen ist seit dem Ende des 18. Jahrhunderts ein bevorzugtes Ausflugsziel, berühmt ist die Fünf-Seen-Fahrt mit der Abfahrtsstelle am Dieksee. Die Boote gleiten durch den Dieksee, den Langensee, den Behler See, den Höftsee und den Edebergsee. Der östlich gelegene Kellersee lädt ein zu herrlichen Spaziergängen auf teils recht steilen Ufern unter altem Baumbestand.

Eutin war die Sommerresidenz der Bischöfe von Lübeck, bis nach der Reformation die Ländereien in landesherrschaftlichen Besitz übergingen und die Fürstbischöfe von Lübeck als Regenten dieses weltlichen Besitzes vom Haus Schleswig-Holstein-Gottorp gestellt wurden. Das kleine Fürstentum errang eine beachtliche Stellung unter den nordeuropäischen Staaten und vermochte es, in der Zeit der Aufklärung und der Klassik zum Weimar des Nordens aufzusteigen. Heute bewahren die Eutiner Sommerspiele auf der Freilichtbühne im Schlossgarten diese kulturelle Tradition und erinnern zudem an Carl Maria von Weber, der hier 1786 geboren wurde. Die einzelnen Gebäude und die gesamte Stadtarchitektur weisen Eutin noch heute als Residenzstadt aus.

Ein Abstecher zum Bungsberg, dem mit 168 Meter über NN höchsten Berg Schleswig-Holsteins am Ostrand der Holsteinischen Schweiz, sollte auf einer Spazierfahrt nicht fehlen. Ein Aussichtsturm erhöht noch einmal den Blick über das liebliche Land der Wälder, Seen, Äcker und der Herrenhäuser.

Hasselburg – typisches Torhaus als Eingang zum Ehrenhof des Herrenhauses.

Salzau, in den vergangenen Jahren bekannt geworden als Landeskulturzentrum.

Schloss Eutin

Bad Malente, Start zur Fünf-Seen-Fahrt in romantischer Landschaft.

Dorfkirche zu Bosau am Plöner See.

Gut Panker

Blick auf den Hessenstein nahe Gut Panker.

Travemünde, das älteste und traditionsreichste Seebad an der Lübecker Bucht: Museumsschiff „Passat" an Priwall und Hafeneinfahrt.

AM OSTSEESTRAND ZWISCHEN

FEHMARNSUND UND LÜBECKER BUCHT

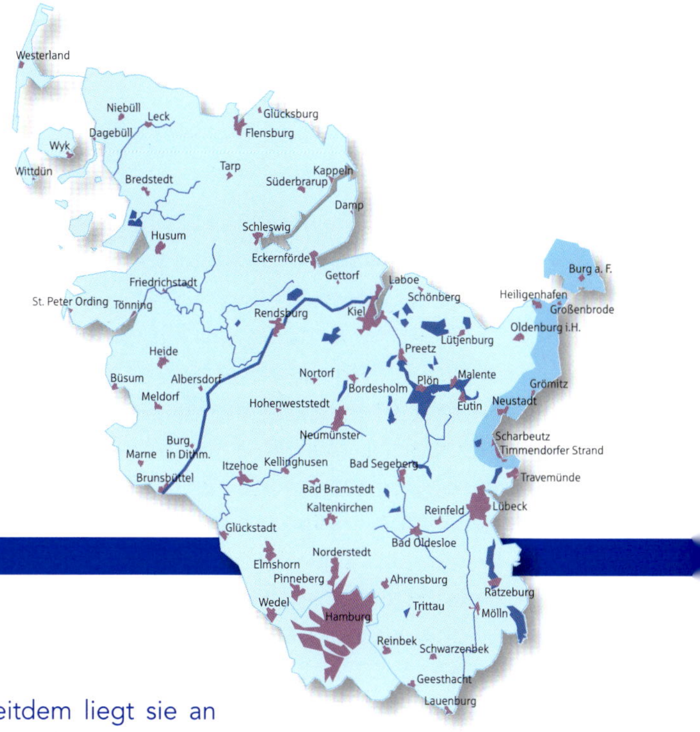

Mit der Fehmarnsund-Brücke wurde 1963 die Vogelfluglinie befahrbar und die Insel Fehmarn dem Tourismus geöffnet. Das alte Fehmarn wird im Heimatmuseum in Burg und in zahlreichen Traditionsvereinen bewahrt. Puttgarden auf der östlichen Seite der Insel ist mit Fährhafen und Fährbahnhof Brückenkopf nach Dänemark und Skandinavien.
Folgen wir der Ostseeküste, dann erreichen wir die Kette der Ostseebäder Dahme, Kellenhusen, Grömitz, Pelzerhaken, Sierksdorf, Haffkrug, Scharbeutz, Timmendorfer Strand, Niendorf und schließlich die ungekrönte Queen der holsteinischen Ostseebäder: Travemünde. Nach Heiligendamm, Bad Doberan und Norderney ist es das älteste Seebad Deutschlands, bereits 1802 eröffnet. Die Kaufleute und Bürger im benachbarten Lübeck entdeckten den Reiz und die Heilwirkung der freien Natur, insbesondere der Seeluft, so dass bald das erste Kurhaus gebaut werden konnte. Mit der Einrichtung einer Spielbank konnte auch internationales Publikum angelockt werden, so die russischen Dichter Turgenjew, Gogol und Dostojewski oder Künstler wie Richard Wagner, Edward Munch und Franz Kafka. 1897 übernahm der Lübecker Stadtstaat die Badeanlagen. In der Folgezeit erbaute er ein neues Kurhaus und den Kursaal, und er trug für medizinische Einrichtungen Sorge, so dass Travemünde bei Ausbruch des Ersten Weltkriegs als ein Bad von Weltruf galt. Thomas Mann hat in seinem Roman „Buddenbrooks" dieser bürgerlichen Epoche Travemündes ein literarisches Denkmal gesetzt.
Travemünde bietet ein anregendes und abwechslungsreiches maritimes Ambiente: Fährhafen, Fischereihafen und am Priwall als Museumsschiff die „Passat", ein Vier-Mast-Segelschiff von 97 Metern Länge, das im Jahre 1911 auf Jungfernfahrt ging. Bis 1957, als das Schwesternschiff „Pamir" unterging, war auch die „Passat" als Schulschiff im Einsatz. Seitdem liegt sie an der Priwallseite des Travemünder Hafens und kann besichtigt werden.
Der Priwall ist eine vor der Trave-Mündung aufgespülte Sandbank, die sich zu einer Halbinsel befestigte und ihren landseitigen Zugang von Mecklenburg aus hat. An der Seeseite suchen viele das etwas individuellere Bad, insgesamt lädt der Priwall zu Spaziergängen ein.
Die Travemünder Strandpromenade, eine der vielgerühmten an der Ostsee, geht direkt über in den Uferweg am Brodtener Ufer, der nach Niendorf führt. Dieser Weg verschafft uns eine der landschaftlich anmutigsten Spaziergänge an der Ostseeküste.
Alle Ostseebäder haben natürlich ihren einmaligen und ganz besonderen Reiz, und es sind sehr persönliche Vorzüge, ob man sich für einen Aufenthalt in dem einen oder anderen entscheidet. Wilhelm Raabe und Hermann Löns etwa schworen auf Niendorf, das seit 1855 ausgebaut wurde und um die Jahrhundertwende mit Gasbeleuchtung an der Strandstraße einen hohen Standard erreichte. Etwa zur gleichen Zeit war es der Curauer Pastor Gleiß, der sich am Timmendorfer Strand ein Sommerhaus errichtete, um selbst die Vorzüge des Badens in der See genießen zu können. Nachahmer ließen nicht lange auf sich warten, und heute gehört Timmendorfer Strand zu den namhaftesten Ostseebädern ebenso wie das nur wenige Kilometer nördlich liegende Scharbeutz. Während auf der Höhe das Bauerndorf lag, hatte sich am Strand eine Fischersiedlung gebildet, in der bereits ab 1830 Badegäste abstiegen. Scharbeutz und Haffkrug, das nächste Ostseebad auf der Kette, sind gute Nachbarn und ergänzen einander in ihren attraktiven Freizeitangeboten. Noch einen Spazierweg weiter erreichen wir schon Sierksdorf, das durch sei-

nen Hansapark, einen überdimensionalen, ins Ostseeland künstlich gesetzten Freizeitpark, über einen besonderen Anziehungspunkt verfügt.

In nördlicher Richtung werden die Strände nun einsamer, und man fährt am besten über Neustadt in das nächste Ostseebad Pelzerhaken oder weiter nach Grömitz. Auch hier lag das alte Bauerndorf auf dem Steilufer, und das Badeleben entwickelte sich unterhalb bei den Fischerhütten von Wicheldorf. In der Umgebung findet der einsame Wanderer weithin naturbelassene Strandlandschaft. Hier lässt sich eine Vorstellung von der Ostseeküste gewinnen, wie sie vor der Tourismusentwicklung ausgesehen haben mag.

Auch Kellenhusen, bekannt für seinen langen und besonders feinsandigen Strand, hat sich aus einem Fischerdorf entwickelt. Dahme gilt als ein gepflegtes Familienbad mit besonderen Spazierwegen, die vom Strand wegführen, etwa in die Waldgebiete Dahmer Holzkoppel und Dahmer Gehege. Zwischen Dahme und Kellenhusen können wir durch Waldungen auf gekennzeichneten Wegen wandern.

Hafen von Neustadt mit Pagodenspeicher (im Hintergrund links).

ie Fehmarnsund-Brücke verbindet seit 1963 das Festland mit der Insel und ist seitdem das Symbol für die Vogelfluglinie nach Skandinavien.

Timmendorfer Strand – das Ostseebad entwickelte sich wie seine Nachbarn aus einzelnen Häusern zum beliebten Urlaubsort.

Wahrzeichen Lübecks: das Holstentor aus dem Jahre 1477, Rest einer umfassenden Befestigungsanlage.

LÜBECK

In Lübeck hat die Entwicklung des deutschen Städtewesens im Mittelalter ihren Höhepunkt erreicht. Die von bürgerlichem Handelsgeist in bevorzugter Ostseelage systematisch angelegte Stadt ist seit 1988 von der Unesco anerkanntes Weltkulturerbe. Trotz der großen Kriegszerstörungen im März 1942 ist die mittelalterliche Stadtanlage und sind auch viele bauliche und architektonische Denkmäler erhalten geblieben oder wiederaufgebaut worden.

Im Jahre 1143 rief Graf Adolf II. von Schauenburg Siedler aus Westfalen, Friesland und Holstein heran und steckte ihnen das Ziel, nach der Christianisierung Ostholsteins das Land zu bevölkern und mit der Stadtgründung von Lübeck einen neuen Handelsplatz an der Ostsee (nach der Zerstörung Haithabus 1066) zu schaffen.

Ein Blick auf die siebentürmige Stadtsilhouette zeigt noch heute, dass dieser Gründungsauftrag erfolgreich gewesen ist. Lübeck erreichte im frühen 13. Jahrhundert die Bestätigung der Reichsunmittelbarkeit durch den Kaiser und baute fortan die Konföderation mit anderen Handelsstädten zu einer in ganz Nordeuropa wirksamen Gemeinschaft aus: zur Hanse. Lübeck war der unangefochtene Vorort der zeitweilig 200 Städte umfassenden Gemeinschaft und hatte mit dem Lübischen Recht sowie mit dem Stadtbild Vorreiterfunktion für den gesamten Ostseeraum.

Wer sich einen Begriff von der Stadtanlage machen will, sollte mit einem Stadtplan in der Hand die im Travebogen gelegene und durch Stauung der Wakenitz zur Insel befestigte Altstadt durchschreiten. Ursprünglich auf drei Haupttore, das Holstentor im Süden, das Burgtor im Nordwesten und das Mühlentor im Osten ausgerichtet (Holstentor und Burgtor sind noch erhalten, ersteres als Wahrzeichen und städtisches Symbol weltbekannt), durchziehen zwei Parallelstraßen die Stadt auf dem Kamm der Insel, von denen zahlreiche Straßen senkrecht abbiegen und hinab zu den Häfen führen. Die Kammwege König-straße und in der Verlängerung Große Burgstraße sowie Breite Straße waren das herausragende Siedlungsgebiet für die wohlhabendsten Bürger, genau auf der Mitte liegt das Bürgerstolz repräsentierende Rathaus und daneben die Lübecker Marienkirche, der bedeutendste Sakralbau der Backsteingotik mit seinem überwältigenden Raumeindruck.

Das Lübecker Bistum verfügte über eigenes Areal auf der Stadtinsel im Westen, so dass der Dom auf dieser Seite zu finden ist. Die Höhe der bischöflichen Kirche zu übertrumpfen, war das Ziel der Ratsherren, als sie ihre Marienkirche am Rathaus begannen – ihr stolzer Bürgersinn duldete keine „Erniedrigung". Gleich neben Rathaus und Marienkirche geht die Mengstraße hinunter zum Holstenhafen. Nummer 4 steht das berühmte Buddenbrook-Haus, von dem im Kriege nur die Fassade erhalten blieb. Seit einigen Jahren ist hier das Heinrich-und-Thomas-Mann-Zentrum im ausgebauten Buddenbrook-Haus untergebracht, eine ständige Ausstellung über die Dichterbrüder und ihr Werk und eine Forschungsstelle. Folgt man dieser Querstraße in Richtung Hafen, erkennt man an der sich verändernden Bauweise die soziale Stufung der mittelalterlichen Stadt: Händler, Ausstatter, Hafenarbeiter siedelten in den niedriger gelegenen Bereichen der Stadtinsel. Unbedingt sehenswert ist das aus dem Mittelalter erhaltene Heilig-Geist-Hospital, eine Stätte der Pflege und des Aufenthalts für alte und kranke Menschen, die in Armut gerieten und für die die wohlhabenden Bürger sich verantwortlich fühlten. Das Behn-Dräger-Haus mit der ausgestellten großbürgerlichen Wohnkultur, wie wir sie nach

Thomas Manns Roman eigentlich im Buddenbrook-Haus erwarten könnten, das St.-Annen-Museum für Kunst- und Kulturgeschichte und das Museum im Holstentor, das sich der einzigartigen Stadtgeschichte widmet, oder die Speicherhäuser an der Untertrave sowie die Salzspeicher an der Stadttrave sind es, die einen Eindruck von der alten Hansestadt vermitteln. Nein, nicht einzelnes darf genannt werden, etwa das berühmte Café Niederegger mit seinen Marzipanspezialitäten oder die Schiffergesellschaft, ein Restaurant, in dem man heute noch an langen Tischen sitzt wie vor Jahrhunderten die Kapitäne und die Stecknitzfahrer. Nein, das Ganze muss man sehen und wahrnehmen: eine mittelalterliche Stadt, ein Gesamtkunstwerk, das durch den Backstein prägend wurde und das durch ihn, den eine Ratsverordnung seit 1276 als Baumaterial festlegte, so lange überdauerte. Wer durch die Straßen mit ihren mittelalterlichen Namen geht und die vielen restaurierten Giebel und Höfe und neu entdeckten Kellergewölbe sieht, wandelt durch ein lebendiges Denkmal.

Lager- und Speicherhäuser an der Trave erinnern an Salz- und Getreideumschlag, der für Lübeck über Jahrhunderte größte Bedeutung hatte.

Dom zu Lübeck mit Trave im Vordergrund.

Dem Markt zugewandte Schauseite des Lübecker Rathauses, das in seinen ältesten Teilen aus dem Jahre 1225 stammt.

WC

Literarisches Denkmal und Literaturmuseum: das Buddenbrook-Haus in der Mengstraße.

Blick in die Petersgrube, eine der typischen Altstadtstraßen.

Eulenspiegel-Brunnen in Mölln.

DAS HERZOGTUM LAUENBURG MIT DER ALTEN SALZSTRASSE

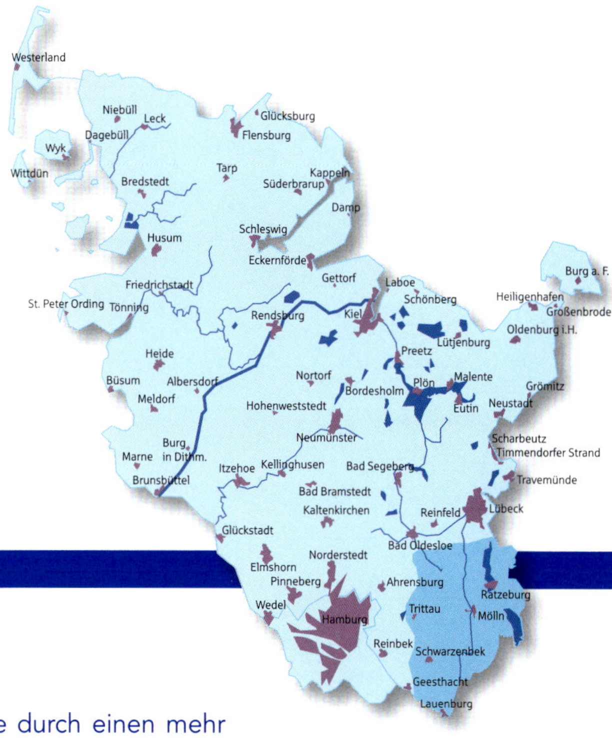

Das Gebiet südlich von Lübeck und nördlich der Elbe, das Herzogtum Lauenburg, gehört erst seit dem Anbruch der Preußenzeit 1867 zu Schleswig-Holstein. Im Mittelalter siedelten hier slawische Polaben, die ihren Mittelpunkt im alten Ratzeburg hatten. Mit Heinrich dem Löwen kamen sächsische Siedler in dieses Gebiet, damals entstand der Ratzeburger Dom. Als Heinrich der Löwe 1180 seine Macht einbüßte, fiel der Landstrich an die Askanier, die von Schlössern in Ratzeburg und Lauenburg das Herzogtum Sachsen-Lauenburg beherrschten. Bis 1815 regierten hier die Welfen, bis Lauenburg auf dem Wiener Kongreß an Dänemark fiel und im Zuge des deutsch-dänischen Krieges 1865 von Preußen einverleibt wurde.

Prägend für die wirtschaftliche Situation des Herzogtums war die besondere Lage, von der sich einerseits die Elbschifffahrt kontrollieren ließ und die andererseits auf zwei Handelswege Einfluss hatte, die für Lübeck von lebenswichtiger Bedeutung waren: die Salzstraße und der Stecknitzkanal, auch die „nasse Salzstraße" genannt. Auf beiden Wegen kam das Salz von Lüneburg nach Lübeck, das hier zum Konservieren des Ostseefisches in großen Mengen benötigt wurde.

Die Salzstraße führte vom Elbeübergang bei Artlenburg nördlich in Richtung Gudow–Mölln und weiter im ungefähren Verlauf der heutigen B 207 vorbei an Ratzeburg nach Lübeck.

Über Bau und Verlauf des Stecknitzkanals zwischen 1390 und 1398 informiert besonders anschaulich das Elbschifffahrtsmuseum im Alten Rathaus von Lauenburg. Die älteste künstliche Wasserstraße Nordeuropas entstand, indem die aus dem Möllner See nach Norden fließende Stecknitz und die in die Elbe fließende Delvenau auf der Scheitelstrecke durch einen mehr als 11 km langen Durchstich verbunden wurden. Im Verlauf waren auf dieser Wasserstraße von Lauenburg aus 17 Schleusen zu überwinden, von denen die Palmschleuse nahe Lauenburg heute restauriert ist und als Modell auch im Elbschifffahrts-Museum besichtigt werden kann. Der eigens für diesen Kanal konstruierte Schiffstyp von 10 bis 12 Metern, später 19 Metern Länge ist dort ebenfalls im Modell nachgebildet.

Ein Besuch in der alten Schifferstadt Lauenburg, herrlich am Elbhang gelegen, sollte neben dem Museum die besonders schönen Fachwerkhäuser in der Elbstraße sowie den Raddampfer „Kaiser Wilhelm" berücksichtigen, der als Museumsdampfer auf der Elbe eingesetzt wird.

Mölln besticht durch sein geschlossenes, dem roten Backstein verpflichtetes Stadtbild und gilt als eine der reizvollsten kleinen Stadtanlagen des Landes. An der schönen Nikolaikirche findet sich der berühmte Grabstein Till Eulenspiegels mit der Angabe, dass er hier 1350 begraben worden sei. Heutige Referenz an den großen norddeutschen Komödianten des Mittelalters erweist der Eulenspiegel-Brunnen am Markt.

Von Lübeck kommend, muss vor Mölln und Lauenburg aber Ratzeburg angefahren werden – die Stadt, die sich auf der Dom- und Burginsel am wunderschönen Ratzeburger See entwickelt hat. Man sollte, um die festungsartige Lage der Stadt zu erkennen, mit dem Leihboot einmal um die Insel fahren und dann bei einem Stadtrundgang dem Dom, dem Marktplatz sowie dem Barlach-Haus und dem A.-Paul-Weber-Haus einen Besuch abstatten. Aus den Gärten dieses im Domhof befindlichen Galeriehauses genießt man übrigens einen der schönsten Blicke auf den Ratzeburger See.

Kreuzgang am Ratzeburger Dom.

Der Ratzeburger Dom, dessen Anfänge auf das Jahr 1155 und Heinrich den Löwen zurückgehen, ist ein Musterbeispiel für die Anlage einer gotischen Kirche: Turm, Langhaus mit Querhaus, Chor und Apsis.

Blick über die Elbe auf die Unterstadt von Lauenburg.

„Der Rufer" am Elbufer von Lauenburg.

Umschlag:
Unterwegs an der Ostsee: Wanderweg direkt an der Abbruchkante, blühende Felder und Wiesen an der Küstenlinie.

Vorsatz:
Büsumer Leuchtturm mit Schleswig-Holstein-Flagge.

Seite 2/3:
Badebrücke am Dockkoog vor Husum.

Seite 4/5:
Typische Landschaftsformation in Ostholstein.

BOYENS
BUCHVERLAG

www.buecher-von-boyens.de

ISBN 978-3-8042-1331-9

Texte: Bernd Rachuth – Fotos: Melitta Kolberg
Textlich überarbeitet und komplett neu bebilderte Ausgabe
auf der Grundlage desselben Titels von 1996/2002
Gestaltung: Christiane Hagge
Herstellung: Boyens Buchverlag, Heide
Printed in Germany